**Maite Pérez** y **Xaviera Torres** son dos científicas de cabo a rabo. A las dos les enamoró la biología desde pequeñas y han dedicado muchos años al estudio y la investigación. Llevan años divulgando; Maite desde *EresCiencia*, creando artículos, vídeos y contenido multimedia, y Xaviera, dibujando y escribiendo. Juntas crearon el pódcast de ciencia para niños *La Lupa Sónica*, cuyo primer episodio trató sobre –adivinad...– ¡cómo duermen los animales!

**Paula Bossio** es una autora e ilustradora colombiana apasionada por el poder de la imagen. Tanto es así que ha convertido la ilustración en su medio de vida. Le asombra la perfección de la naturaleza (el diseño de las hojas, los animales...) y la retrata con gracia y sentido del humor.

Texto © Maite Pérez; Xaviera Torres, 2023
Ilustraciones © Paula Bossio, 2023

Dirección editorial: Patricia Martín
Edición: Roser Macià y Paula Esparraguera
Dirección de arte: Heura Martos y Noelia Murillo

Corrección de textos: Raúl Alonso Alemany
Revisión de textos: Eida Del Risco

© Editorial Flamboyant, S. L., 2023
Gran Via de les Corts Catalanes 669 bis, 4.º 2.ª
www.editorialflamboyant.com

Primera edición: febrero de 2023
ISBN: 978-84-19401-35-9
DL: B 84-2023
Impreso en Egedsa, Barcelona (España)

Libro libre de emisiones de $CO_2$ gracias al acuerdo establecido con la Fundación Plant-for-the-Planet.

PEFC™ PEFC/14-38-00200

Maite Pérez          Xaviera Torres

# DORMIR A PATA SUELTA

Ilustrado por **Paula Bossio**

Flamboyant

Sucede cuando llega la noche y empieza a oscurecer. O después de comer, a la hora de la siesta. O cuando hacemos un viaje larguísimo en coche por una carretera que no se acaba nunca. ¡Le pasa a todo el mundo! De pronto, nos sentimos cansadísimos y nos cuesta mucho, pero mucho mucho, mantener los ojos abiertos: nos estamos durmiendo. A veces, nos pasa sin querer, y es que el sueño es tan importante que no es algo que podamos evitar.

¡Mirad qué a gustito están! Se nota que han encontrado un buen sitio para dormir (mejor estar cómodos porque ¡pasamos una tercera parte de la vida durmiendo!). Los ruidos o las luces no molestan tanto como cuando se está despierto. ¡Parece que ni los notan!

¿Y cómo podemos saber si alguien duerme? ¿Qué ocurre en su cabeza? Pasa la página para averiguarlo. Pero no hagas ruido para que no se despierten, ¿de acuerdo?

# EL CEREBRO CUANDO DUERME

Parece que hay una tormenta en el cerebro.
¿Qué pasa? ¿Qué son esos rayos?

En el cerebro hay electricidad, pues forma parte de su funcionamiento. Cuando alguien duerme, en su cerebro también hay ondas eléctricas.

Al mirar las ondas, podemos ver que son distintas al dormir y que, principalmente, existen dos tipos de sueño: el profundo y el sueño REM.

# ¿TODOS LOS ANIMALES DUERMEN?

Dormir es superimportante. Seas un bebé,
un adulto o un abuelo, necesitas dormir.
Pero... ¿qué hay de los animales?

Durante muchísimos años se creía que solo
dormían los animales que más se parecen
a las personas, como los mamíferos.
Sin embargo, en la actualidad, esa
idea ha quedado un poco obsoleta.

¿Cómo saber si los animales duermen? Se ha estudiado su sueño, igual que se ha estudiado el de las personas. Bueno, no exactamente igual..., pues poner un gorro lleno de electrodos a una mosca para analizar si duerme o no es un poco difícil, ¿no crees?

Podrías decir: «Hay *muuuuchos* animales en el mundo. ¿Seguro que se ha estudiado el sueño de todos?». Vale, no, solo se ha estudiado en unos pocos. Pero en todos ellos, desde insectos a medusas, pasando por ballenas y ranas, existe algo parecido al sueño.

Vayamos por partes y descubramos juntos cómo duermen los animales.

# DORMIR EN CASA

### ¿Cómo duermen los animales con los que compartimos nuestra casa?

Los perros duermen muchas horas del tirón por la noche, como nosotros, y encima se echan siestas a lo largo del día. A veces, dormidos, agitan las patas y gimen. ¿Estarán soñando con alguna persecución emocionante?

La próxima vez que veáis a un perro soñando, acercaos y veréis cómo se le mueven los ojos bajo los párpados. ¡Como a nosotros!

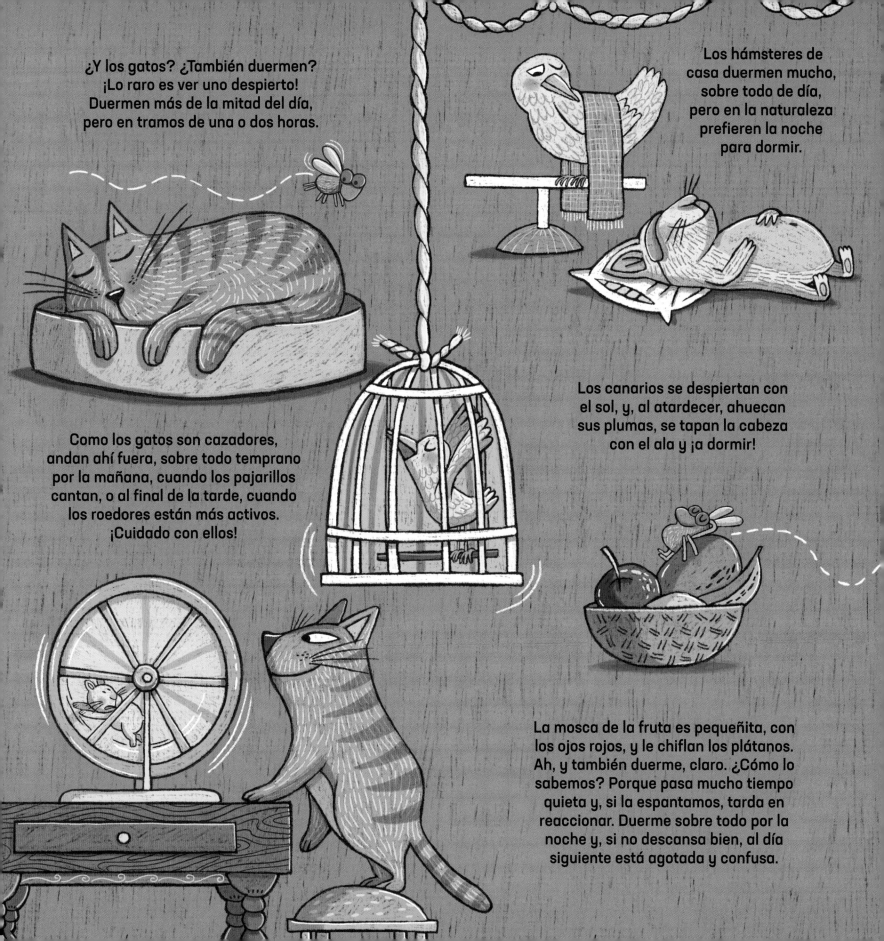

¿Y los gatos? ¿También duermen? ¡Lo raro es ver uno despierto! Duermen más de la mitad del día, pero en tramos de una o dos horas.

Los hámsteres de casa duermen mucho, sobre todo de día, pero en la naturaleza prefieren la noche para dormir.

Como los gatos son cazadores, andan ahí fuera, sobre todo temprano por la mañana, cuando los pajarillos cantan, o al final de la tarde, cuando los roedores están más activos. ¡Cuidado con ellos!

Los canarios se despiertan con el sol, y, al atardecer, ahuecan sus plumas, se tapan la cabeza con el ala y ¡a dormir!

La mosca de la fruta es pequeñita, con los ojos rojos, y le chiflan los plátanos. Ah, y también duerme, claro. ¿Cómo lo sabemos? Porque pasa mucho tiempo quieta y, si la espantamos, tarda en reaccionar. Duerme sobre todo por la noche y, si no descansa bien, al día siguiente está agotada y confusa.

# EL DÍA EN LA SABANA

Ya ha amanecido en la sabana y el sol calienta hasta el último rincón de la vasta llanura.

Alimentarse solo de hojas espinosas lleva su tiempo. La jirafa se pasa hasta dieciséis horas mascando y no le queda mucho tiempo para dormir.

Los cocodrilos duermen tumbados al sol. Y siempre lo hacen con un ojo abierto para mantenerse vigilantes y no separarse del resto.

Los hipopótamos duermen igual que sus primos lejanos, las ballenas y los delfines: con medio cerebro alerta. Además, lo hacen durante el día y a remojo, para evitar el calor.

Es la hora de descansar para los todopoderosos leones. Ellos sí que pueden dormir a pierna suelta porque nadie se los va a comer (¡y así digieren el banquete nocturno!).

En las largas travesías, los elefantes pueden estar sin dormir hasta un par de días enteros.

Gracias a sus rodillas, que son especiales, las cebras pueden dormir de pie sin caerse y echarse siestas cortas.

# LA NOCHE EN LA SABANA

En la sabana hay muy pocos lugares donde resguardarse cuando llega la noche y los depredadores andan al acecho.

Los cocodrilos prefieren cazar de noche. Ya dormirán cuando salga el sol.

Los hipopótamos salen del agua con el frescor de la noche para atiborrarse de hierba fresca.

Arremolinadas en grupo, las jirafas duermen minisiestas mientras que el resto de la manada vigila. A veces de pie, a veces sentadas y a veces con el cuello retorcido como contorsionistas.

Si eres un elefante, con dos horas durmiendo de pie estás servido. Eso sí, cada dos o tres días puede que te tumbes para soñar más a gusto.

# DORMIR EN EL AIRE

Algunas aves migratorias (las que tienen polluelos en un país y pasan el invierno en otro) vuelan muchos días seguidos. ¿Duermen en el aire?

Dormir si vuelas es un desafío, tanto para los que vuelan como para quien los estudia.

Se ha descubierto que las fragatas duermen muy poquito mientras viajan. Pueden volar diez días con sus noches sin posarse. En vuelo duermen menos de una hora al día, en sueñecitos que duran... ¡segundos! Eso sí, en su destino, se desquitan y duermen muchas horas por día varias jornadas seguidas.

¿Ves ese aparato que tiene la fragata en la cabeza? Recoge información sobre las ondas eléctricas de su cerebro. Así los científicos saben si duerme o no en su viaje. También lleva un GPS que sirve para conocer el recorrido que hace.

¿Y los vencejos? ¿Esos pájaros que lo hacen TODO volando? Se sospecha que, para dormir, suben muy alto y planean. Pero serán solo suposiciones hasta que no tengamos transmisores tan chiquititos como para que los vencejos los lleven cómodamente.

Lo que sí es cierto es que tanto los pájaros migratorios como los menos viajeros tienen sueño profundo y sueño REM cuando duermen, igual que los mamíferos.

Para dormir, los pájaros buscan un sitio seguro y duermen posados, como las gallinas en el palo del gallinero. Otros, como el canario en su columpio, duermen con la cabecita bajo el ala. Y otros, de pie, ¡incluso a la pata coja!

¿Soñarán las aves? ¿Y los dinosaurios? Sabemos que los dinosaurios son los tatara-tatara-tatarabuelos de los pájaros que vemos por el campo.

¡Es una pena que no haya fósiles de sueños! ¿Verdad?

# DORMIR BAJO EL AGUA

**¿Cómo logras dormir si vives en el agua?**

No es fácil dormir si eres una ballena. Las ballenas no son peces que consiguen respirar oxígeno del agua; son mamíferos como nosotros, con pulmones. Por eso, igual que tú cuando buceas, necesitan salir a la superficie para tomar aire.

¿Y entonces cómo duermen? ¿Y si se olvidan de respirar? Pues parece que solo pueden dormir a medias: al igual que los pájaros, mientras que medio cerebro duerme como un tronco, la otra mitad está despierta y al tanto de todo.

Dormir así no parece demasiado cómodo.
Quizás por eso los cetáceos son los mamíferos
que menos duermen. Tan solo duermen media
hora al día. ¿O será más? Quién sabe.

¿Quizá se echen una
siesta mientras nadan?

¡Shhhhh! Los cachalotes
están durmiendo. Es una
postura un poco extraña,
pero así pueden subir
a tomar aire.

¿Y qué hay de los peces que viven en medio del océano y nunca paran de nadar? ¿También duermen? Quizá no les haga falta.

¿Dormirá este tiburón blanco? A simple vista, no es fácil saberlo, pues no tiene párpados que cerrar.

Una de las funciones del sueño es guardar los recuerdos, pero nadar en mar abierto es *taaan* aburrido que no hay mucho que recordar. O puede que descansen durante las largas travesías. Es difícil saberlo seguro.

Analizar el sueño de un atún nadando es todo un reto.

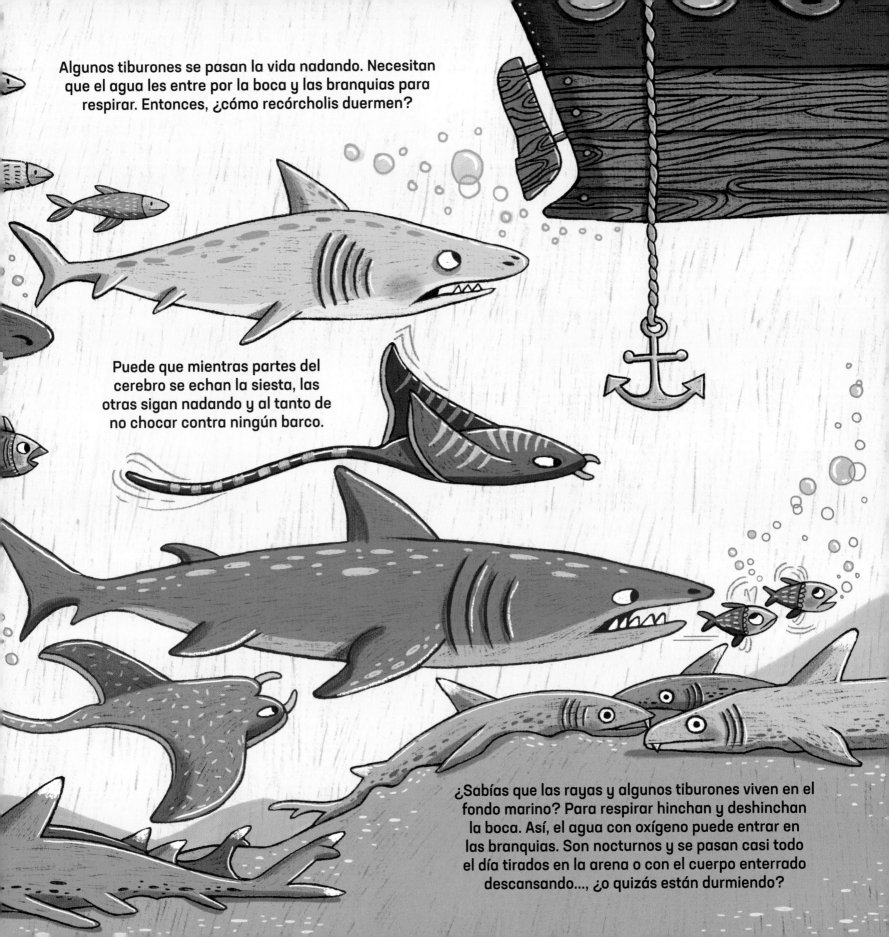

Algunos tiburones se pasan la vida nadando. Necesitan que el agua les entre por la boca y las branquias para respirar. Entonces, ¿cómo recórcholis duermen?

Puede que mientras partes del cerebro se echan la siesta, las otras sigan nadando y al tanto de no chocar contra ningún barco.

¿Sabías que las rayas y algunos tiburones viven en el fondo marino? Para respirar hinchan y deshinchan la boca. Así, el agua con oxígeno puede entrar en las branquias. Son nocturnos y se pasan casi todo el día tirados en la arena o con el cuerpo enterrado descansando..., ¿o quizás están durmiendo?

# DORMIR EN EL ARRECIFE

Cae la noche en el arrecife. Los peces se van a dormir a sus habitaciones coralinas. Puede parecer que todo está tranquilo, pero el tiburón del arrecife y la morena aprovechan que todo el mundo duerme para buscar su cena.

¿Has visto el saco de dormir del pez loro? Es una bola de moco. Dentro está protegido de las morenas y de las picaduras de los parásitos. Sin duda, lleva incorporada una red antimosquitos muy ingeniosa.

Aquí vemos un pulpo durmiendo en su rincón favorito. Tiene el cerebro repartido por *tooodo* el cuerpo. Pero ni por esas se libra de dormir.

Esta medusa Casiopea no tendrá cerebro, pero también duerme. O algo parecido. Cuando llega la noche, sus tentáculos se mueven más lentamente y tarda en reaccionar, aunque tenga cerca su comida favorita. Y si le das la lata y no la dejas dormir, ¡al día siguiente está agotada!

Este pez tan planito dormita escondido entre la arena. ¡Es un lenguado!

Los ajolotes son crepusculares, es decir, duermen sobre todo de día o en las horas más oscuras de la noche. Viven en cuevas, pero, a la hora de descansar, no son distintos de otros anfibios que viven ahí fuera.

¡Qué difícil es saber si un animal sin párpados está dormido o no!

# CUANDO CAE LA NOCHE

Los zorros, jabalíes, ratoncitos, erizos, murciélagos, búhos, polillas... ¡y muchos más! son animales nocturnos. Viven de noche porque les va mejor estar despiertos cuando su comida está al alcance de sus dientes, picos o trompas; porque tienen miedo a que se los coman, y por eso salen a oscuras; o porque hace demasiado calor de día y prefieren el fresquito de la noche...

Los zorros duermen de día, hechos un ovillo, cerca de alguna de sus madrigueras. No suelen dormir dentro y las usan solo para criar a sus cachorros.

Los murciélagos duermen de día en cuevas o huecos de árboles ¡cabeza abajo! ¿No se sueltan dormidos? No. Sus patas tienen una especie de cerrojo que se bloquea cuando se cuelgan.

Duermen a ratitos y algunos lo hacen con un ojo abierto.

Los erizos se hartan de insectos y lombrices de noche, y de día se cobijan en nidos de hojarasca y hierbas que esconden bajo los matorrales.

Los jabalíes buscan su comida al amanecer o cuando se pone el sol. De día, descansan en sus madrigueras.

Los búhos son solitarios. Salen a cazar de noche. De día, duermen posados en una rama, ocultos gracias a sus plumas de camuflaje.

Las polillas revolotean en la noche (seguro que las has visto alrededor de una bombilla). Durante el día, se posan con las alas en tejadillo en algún sitio discreto y descansan.

# DORMIR CUANDO HACE FRÍO

Cuando llega la nieve y la comida
escasea, el oso se acurruca en su cueva.
No está dormido: está hibernando.

Al hibernar, todo su cuerpo funciona más lento, respira menos, la temperatura
del cuerpo baja y su corazón late *muuuucho* más despacio. Gracias a este
truco no necesita comer. Sobrevive de la grasa que ha acumulado durante el
verano. El hambre con la que se levanta en primavera es tremebunda. Y como
no bebe agua, tampoco tiene que hacer pis. ¿Y la caca? Bueno, digamos que
acumula un tapón gigante. ¡Imagínate la primera visita al baño en primavera!

En primavera, las osas tienen a sus oseznos dentro de la cueva. Mientras mamá sigue hibernando, los pequeños se alimentan de su leche para crecer grandes y fuertes.

¿Hibernan todos los osos? No. Los osos panda no hibernan. Y si el invierno es suave y sabe que no va a pasar hambre, el oso pardo prefiere seguir despierto.

Pero los osos no son los únicos que hibernan. Murciélagos, marmotas, ratones, erizos, ranas, serpientes, abejorros (¡y más!) también lo hacen cuando hay poca comida o cuando las cosas se ponen difíciles. ¡El frío no es el único motivo!

Muchos caracoles hibernan cuando hace mucho frío o mucho calor. Por suerte, no tienen que buscar guarida: la llevan incorporada. Solo tienen que sellar la puerta con una buena cantidad de moco.

En el invierno de Alaska hace tanto frío que el corazón de la rana de madera se para por completo y su cuerpo se congela. Pero, al llegar la primavera, se levanta como si tal cosa.

La ardilla del Ártico pasa hasta ocho meses en su madriguera durante el largo invierno polar. Su temperatura baja hasta los tres grados bajo cero. Aun así, su cerebro no se congela.

Cuando hay un incendio, los equidnas australianos se entierran bajo tierra e hibernan durante semanas para protegerse del fuego y la falta de comida.

Pero el récord lo tiene el tardígrado u oso de agua. Este microscópico animalito es capaz de sobrevivir a casi todo. Se arruga, suelta todo el agua de su cuerpo y permanece así, como «disecado», durante años.

¡PARECE UNA PASA!

# DORMIR EN COMPAÑÍA

Ya hemos visto con los patos, que duermen en hileras, que dormir en compañía tiene sus ventajas. Eso mismo hacen algunos murciélagos. Duermen cabeza abajo colgados y juntos como un racimo. ¡Es mucho más seguro y calentito!

Pero a la hora de dormir en piña, es difícil ganarles a los suricatas. Viven en el sur de África, en grupos de hasta cincuenta, y duermen todos juntos en madrigueras excavadas en la tierra.

Los suricatas que están abajo acaban más aplastados, pero duermen más tranquilos.

A los de arriba, les toca vigilar.

¿Y las nutrias marinas?
Si tienen sueño, pero alguien
anda merodeando en tierra
firme, pueden descansar en
el agua, haciendo el muerto.
Para no acabar en medio del
océano, duermen en grupos
flotantes o de la manita
de otra nutria.

# DORMILONES FAVORITOS Y PECULIARES

Hasta ahora hemos visto cómo duermen un montón de animales diferentes. Si ya tienes un favorito, ahora te lo vamos a complicar un poco más con estos animales de aquí.

El camaleón apoya su cabeza en sus patitas delanteras para dormir, enrosca la cola en forma de caracola y ¡hasta se pone un pijama! La piel del camaleón puede cambiar de color para pasar desapercibido o enviar mensajes a otros camaleones.

Cuando duerme, se vuelve de unos colores especiales, los colores del descanso, como si quisiera decir «Estoy la mar de tranquilo». ¡Qué preciosidad!

Se ha visto a los pulpos y las sepias descansar con los ojos cerrados en total tranquilidad y que, de pronto, ¡sus ojos comenzaran a bailar y su piel cambiara de color! ¿Estarán soñando?

Algo parecido les pasa a los koalas. Subidos a los eucaliptos de Australia, duermen gran parte del día y mastican hojas durante la noche. Duermen tanto porque las hojas que comen cuesta mucho digerirlas, y tienen que dormir muchas horas para sacar fuerzas.

Ya sabes que las apariencias engañan. Los perezosos se pasan el día colgando cabeza abajo de alguna rama tropical. Se mueven muy despacito, y a veces están quietos varias horas seguidas. Pero no están todo el día durmiendo: solo duermen dos horas más que nosotros. Lo que pasa es que, como comen sobre todo hojas, no tienen energía para andar saltando por ahí.

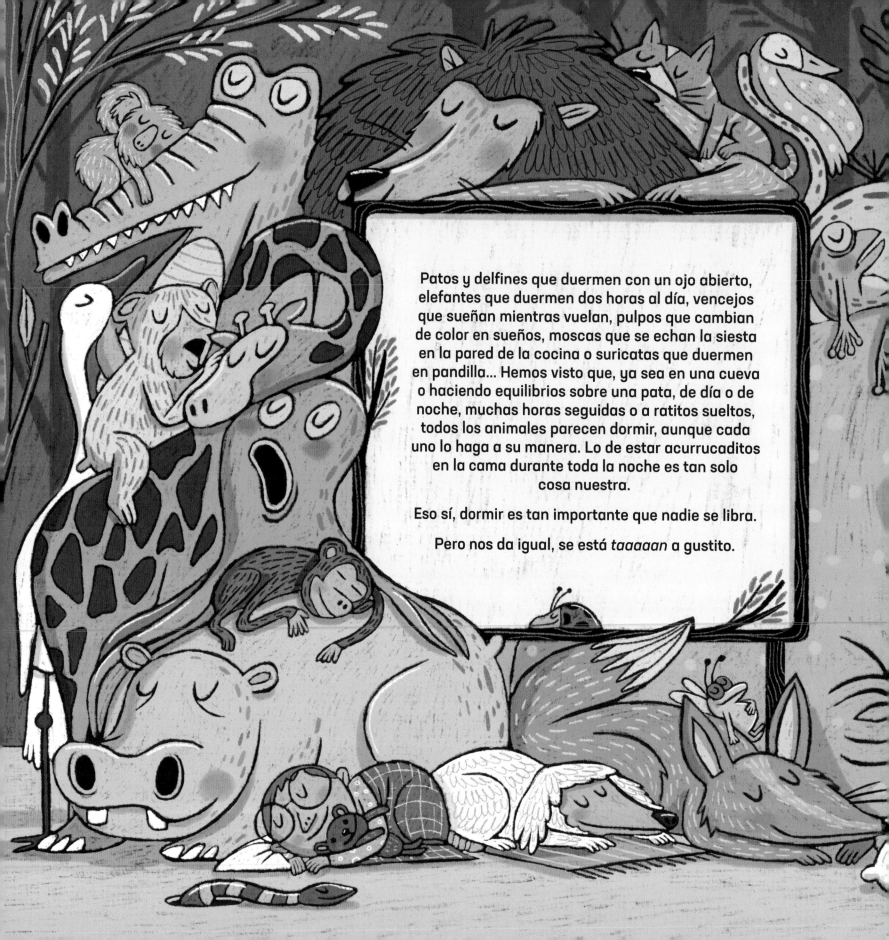

Patos y delfines que duermen con un ojo abierto, elefantes que duermen dos horas al día, vencejos que sueñan mientras vuelan, pulpos que cambian de color en sueños, moscas que se echan la siesta en la pared de la cocina o suricatas que duermen en pandilla... Hemos visto que, ya sea en una cueva o haciendo equilibrios sobre una pata, de día o de noche, muchas horas seguidas o a ratitos sueltos, todos los animales parecen dormir, aunque cada uno lo haga a su manera. Lo de estar acurrucaditos en la cama durante toda la noche es tan solo cosa nuestra.

Eso sí, dormir es tan importante que nadie se libra.

Pero nos da igual, se está *taaaaan* a gustito.

Recuerda apagar
la luz al salir.

ZZZZ
ZZZZZ